D1924155

Ein Geschenk für

mit den besten Wünschen von

Bestell-Nr. RKW 566

© 2011 by Reinhard Kawohl 46485 Wesel
Verlag für Jugend und Gemeinde

Texte und Engelmotive: Dorette Digel

Gestaltung: RKW

Druck und Bindung: Gorenjski tisk storitve,
Kranj, Slowenien

ISBN: 978-3-88087-566-1

www. kawohl .de

36
Engel zum Geleit

Dorette Digel

Inhaltsverzeichnis

Vorwort

Engel sind voller Licht und Farbe,
sie erstrahlen in göttlichem Glanz
und sind dennoch Teil meines alltäglichen Lebens.
Sie sind eine Brücke zwischen Gott und mir,
denn Engel leben zwischen den Welten.
Sie sind Gott so nahe, dass sie durchflutet sind
von Gottes Liebe und Hoffnung.

Sie sind aber auch mir so nahe,
dass sie durchdrungen sind
von meiner Menschlichkeit
und mit mir leiden.
In ihnen sind Gottes Gegenwart
und mein Menschsein vereint.

Ich wünsche Ihnen,
dass meine Engelbilder Ihr Herz berühren
und Sie in Ihrem Alltag inspirieren und begleiten.

Dorette Digel

Engel des Geleits

Mein Kind,
ein Engel sei bei dir
und begleite dich auf deinem Weg.

Ich kann dir die Last nicht abnehmen,
ich kann das Leid nicht abwenden,
ich kann dir die Schwere des Weges
nicht ersparen
und ich kann die Schmerzen
nicht verhindern. -
Ein Engel sei dir nahe
und begleite dich auf deinem Weg.

Ich muss akzeptieren,
dass dir ein anderes Leben zugedacht ist,
als ich es dir gewünscht habe,
wie soll ich das schaffen? -
Ein Engel sei um dich
und begleite dich auf deinem Weg.

Ich muss dich schwere Wege gehen lassen,
ohne das Ende zu kennen,
wie soll ich das ertragen? -
Ein Engel helfe dir tragen
und begleite dich auf deinem Weg.

Ich will versuchen zu glauben,
- immer wieder neu -
dass genau dieser Weg
der einzige ist, den du gehen kannst,
ohne unterzugehen
und zu zerbrechen.

Ich will versuchen zu hoffen,
- immer wieder neu -
dass dieser Weg
der einzige ist,
der dich ans Ziel führt,
der dir wirkliches Leben ermöglicht.

Ich will glauben und hoffen,
- immer wieder neu -
dass dies dein Weg ist
und du ihn als dir von Gott gegeben
annehmen kannst.

Nur Gott allein kennt dein Leben
und das Ziel,
er hält dich in seiner Hand
und lässt dich nicht allein,
er stellt uns einen Engel zur Seite,
der dich auf deinem Weg begleitet
und uns die nötige Kraft gibt.

Engel des Friedens

Friede, Friede, denen in der Ferne und Nähe,
spricht der Herr, ich will sie heilen.
Ich will sie heilen und leiten
und ihnen Trost geben.

Herr, mein Vater,
du hältst meine Seele in deiner Hand.
Wunden, die Lebensumstände
oder unerfüllte Sehnsüchte
in meine Seele reißen, werden heil bei dir.
Herr, mein Vater,
du begleitest mich auf meinem Weg,
du führst mich
durch alle Unsicherheiten hindurch,
zu mir selbst,
zu anderen Menschen und zu dir.
Ich muss es nicht alleine schaffen,
Herr, mein Vater,
du schenkst mir den Trost des Himmels
in meinem Sorgen um das Morgen,
in meiner Trauer um Verlorenes,
in meinen dunkelsten Stunden
stehst du an meiner Seite.

Der Engel des Friedens
breitet seine Flügel über mir aus
und schenkt meiner Seele Ruhe.

Engel des Getragenseins

Herr, hier bin ich:
Mutlos blicke ich in die Zukunft,
sie scheint so dunkel und grau,
was kommen wird scheint übermächtig.
Wird meine Kraft reichen?
Kann ich es tragen? Ich weiß es nicht.

Herr, hier bin ich:
Du hast mich bis hierher gebracht.
In manch bitteren Nächten wurde ich
von dir getragen und getröstet,
wie ein Vater seinen Sohn trägt,
wie eine Mutter ihre Tochter tröstet.
In Zeiten der Dunkelheit
und des Schmerzes habe ich dich
oft vermisst, aber du warst da -
wie sonst könnte ich heute hier stehen?

Ich fange an zu begreifen:
In unserem Leben
haben wir nicht die Wahl zwischen
Schmerz oder Nicht-Schmerz,
aber zwischen Vertrauen
und Nicht-Vertrauen.

Dorette Digel

Du, Gott, versprichst:
Bis in euer Alter bin ich derselbe.
Ich will euch tragen, bis ihr grau werdet.

Dieses Versprechen steht als Zusage
über meinem Leben.
Ich will vertrauen.

Engel der Nähe

Vater,
ich komme zu dir.

Vertrauensvoll wie ein Kind
werfe ich mich in deine Arme.

Ich weiß, du fängst mich auf
und hältst mich fest.

Du liebst mich.
Du lässt mich nicht los.
Du stehst zu mir.

Bei dir fühle ich mich geborgen.
Bei dir finde ich Sicherheit.
Bei dir kann ich sein wie ich bin.

Bei dir kommt
mein aufgewühltes Herz zur Ruhe,
nur du stillst
meine Sehnsucht tief in mir.

Vater, du liebst mich.
In deiner Liebe
bin ich ganz geborgen.

Engel der Dankbarkeit

Herr, mein Gott, ich danke dir,
dass du mich so wunderbar
und einzigartig gemacht hast.

Auch wenn es mir schwer fällt
mich anzunehmen so wie ich bin,
auch wenn ich manchmal
mit meinen Gefühlen hadere,
mein Verstand und meine Seele
im Widerstreit liegen,
mein Körper nicht so funktioniert,
wie ich es mir wünsche,
gilt dein Wort für mich:
Großartig ist alles, was du erschaffen hast.

Herr, mein Gott,
seit je her war ich
in deinen Gedanken,
du hast mich in die Linien
deiner Hände geschrieben,
auch wenn ich es manchmal
nicht glauben kann,

so wie ich bin,
wolltest du mich haben,
so darf ich sein,
in deinen Augen bin ich
wunderbar und großartig,
das erkennt meine Seele.

Voller Dankbarkeit begreife ich:
Ich bin unendlich wertvoll,
wunderbar und einzigartig,
weil du mich erschaffen hast!
(nach Psalm 139)

Engel des Rückzugs

Hin und wieder ist es wichtig,
dich zurückzuziehen
von dem lärmenden Getöse
und den drängenden
Anforderungen des Alltags,
dich zurückzuziehen in dich selbst,
die Türe nach außen zu schließen
und ganz bei dir selbst zu sein,
eintauchen in den Raum in dir,
der nur dir allein und Gott gehört.

Dort kannst du dir selbst begegnen,
deiner Geschichte, deinen Sehnsüchten,
deinen Schattenseiten, deinen Wunden,
aber auch deinen Stärken
und Begabungen, hier darfst du sein,
hier mit Gott kannst du dich aushalten,
mit all dem, was zu dir gehört,
alles darf sein vor Gott und dir.

Im Anschauen und Aushalten,
im Verstehen und Annehmen,
im Zulassen und Sein,
liegt eine Quelle der Kraft,
die verändert und heilt,
die Mut und Energie gibt,
gestärkt zurückzukehren
in deinen Alltag, in das Leben.

Engel des Aufbruchs

Abschied,
von Träumen und Wünschen,
von Erwartungen und Vorstellungen,
Abschied von Menschen.

Abschied macht Angst,
Abschied nehmen tut weh,
Abschied nehmen heißt loslassen,
das loslassen, was war und ist.

Abschied nehmen bedeutet,
bewusst hergeben und bewusst behalten.
Abschied nehmen heißt,
trauern und weinen um das,
was man verliert.
Abschied nehmen heißt,
frei werden von krampfhaftem Festhalten
und Klammern an Vergangenes.
Abschied nehmen heißt loslassen,
wieder mit leeren Händen dastehen,
bereit sein, Neues zu empfangen.

Loslassen bedeutet,
bewusst Abschied nehmen.

Abschied nehmen heißt „Ja" sagen,
„Ja" sagen
zu Verlust und Schmerzen,
„Ja" sagen
zu der eigenen Vergangenheit.

Abschied nehmen heißt,
sich bewusst
von dem Liebgewordenen trennen,
im Herzen aber das Gute
und Wertvolle bewahren
und als Schatz und Kraftquelle
mit auf den Lebensweg nehmen.

Abschied nehmen
ist deshalb auch
dankbares Zurückblicken
auf das, was war.

Abschied nehmen heißt,
getragen sein
von wertvollen und guten Erinnerungen,
zurückblicken können
ohne Verbitterung
und deshalb offen, frei und gestärkt,
Neuem entgegengehen.

Engel der Barmherzigkeit

Wenn alles zerbricht,
an das du geglaubt hast,
wenn alles zerbricht,
was dir Halt gab,
wenn alles zerbricht,
was dir Lebenssinn und Ziel war,
wenn alles zerbricht,
was dir Kraft und Freude gab,
wenn Leben zerbricht,
wenn alle Hoffnung begraben
und nichts mehr da ist,
außer Schmerz und Schuld
und nur die innere Leere bleibt,
dann kannst du nur noch zu Gott flehen
und verzweifelt bitten,
dass er in seiner großen Barmherzigkeit
die Scherben deines Lebens
in seine barmherzigen Hände nimmt
und daraus etwas erschafft,
das trotz aller Risse,
durch alle Verletzlichkeit hindurch,
in Schönheit erstrahlen wird.

Engel der Beziehung

Es braucht
einen Engel,
der uns Mut gibt,
immer wieder auf den
anderen zuzugehen,
ihm die Hand
zu reichen,
den eigenen Stolz
zu überwinden,
den eisigen Blick
zu erwärmen,
und Worte zu finden,
die aus der
Sprachlosigkeit
befreien,
Gefühle und Wünsche
offen zu äußern,
ohne Vorwürfe
zu machen,
zugefügte
Verletzungen
nicht aufzurechnen,
weil man
um das eigene
Schuldigwerden weiß,

nicht im Selbstmitleid
zu versinken,
dennoch die
erlittenen Wunden,
- und sich selbst -,
ernst zu nehmen,
Wut zuzulassen,
ohne sich in ihrer
Grenzenlosigkeit
zu verlieren,
sich zu erlauben,
streiten zu dürfen,
weil man den anderen
nicht aufgeben will,
trotz aller
Unterschiedlichkeit
immer wieder neu,
Trennendes
zu überwinden
und Brücken über
Gräben zu bauen.

Es braucht einen
Engel, der uns hilft,
Beziehung zu leben.

Engel des kleinen Glücks

Eine Blume am Wegesrand,
ein Blütenbaum
in seiner vergänglichen Pracht,
ein freundlicher Blick,
ein unbekümmert, fröhliches Lachen,
strahlende Kinderaugen,

Augenblicke
des leisen Glücks,
Augenblicke
der stillen Schönheit,
Augenblicke
des wahren Lebens,
oft unbeachtet,
übersehen,
zertreten -
Perlen des Lebens!

Die wahre Schönheit des Lebens
liegt im Vergänglichen,
Kleinen und Unscheinbaren
verborgen.

Möge dir ein Engel deinen Blick öffnen
und dein Herz anrühren,
damit du die Blumen
am Wegesrand deines Lebens,
die unscheinbaren Stunden des Glücks,
erkennen, genießen
und im Herzen bewahren kannst.

Engel des Lebens

Der Engel des Lebens
schaut nach oben ins Licht.

Das Licht kommt von Gott
und fällt von oben in ihn hinein.
Es durchdringt sein ganzes Sein.
Gottes Licht, seine Liebe und Hoffnung
wollen auch mein Leben erhellen
und meine innere Dunkelheit verwandeln.

Der Engel des Lebens
schaut aber nicht nur nach oben.

Getragen von Gottes Licht
kann er es wagen auch in sich hineinzusehen.

Wenn ich mich
auf die Begegnung mit Gott einlasse,
spüre ich Veränderung,
Auferstehung.

Festgefahrene Gedanken
und Verhaltensmuster,
Ängste oder alte Wunden
können im Licht der Hoffnung
an Dunkelheit und Schwere verlieren
und neuen Wegen
und Gedanken Raum geben.

Der Engel des Lebens
blickt auch nach vorne.

Weil er im Licht Gottes lebt,
sieht er die anderen Menschen,
nimmt sie in ihrer Situation wahr
und kann ihnen Hoffnung geben.

Wenn wir im Licht Gottes leben
und unser Innerstes von Gott heilen lassen,
dann werden wir fähig,
Engel der Hoffnung
für andere zu sein.

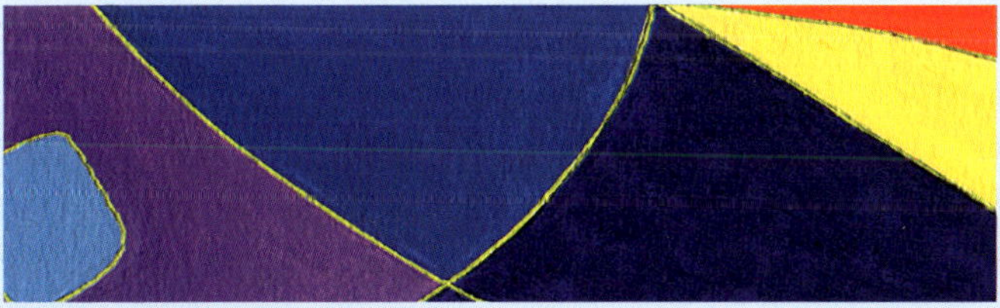

Dorette Digel

Engel des Glaubens

Unser Glaube
und unsere
ganze Hoffnung
liegen begründet
in den Worten
„Abba,
lieber Vater."
(nach Galater 4,6-7)

Engel der Liebe

Die bedingungslose Liebe
eines anderen Menschen
gibt dir immer wieder
die Gelassenheit,
ein „Ja" zu dir selbst zu sagen.

Der Liebe eines anderen
gewiss zu sein
gibt dir immer wieder
die Sicherheit,
die dich innerlich
zur Ruhe kommen lässt.

Der Liebe eines anderen
vertrauen zu können
gibt dir immer wieder
das Gefühl
der Geborgenheit,
die dich zum Leben befreit.

Auf die Liebe Gottes
vertrauen zu können
gibt Gelassenheit,
Sicherheit und Geborgenheit,
und macht Leben möglich.

Engel der Traurigkeit

Du spürst sie überall in dir,
diese Traurigkeit,
die wie ein schwarzes Tuch
unter der Farbigkeit
deines Lebens liegt,
diese Traurigkeit,
die aus der Sehnsucht entsteht.

Bleiern und schwer
breitet sie sich aus,
du kennst sie
und begrüßt sie
wie einen vertrauten Gast,
und dennoch
trägst du schwer an ihr,
an dieser Traurigkeit,
die dich lähmt.
Es kostet so viel Kraft,
trotzdem zu lachen.

Lass sie zu
deine Traurigkeit,
lass es zu, dass du traurig bist,
weine, wenn alles in dir
trostlos scheint,
weine, wenn Schmerz
und Verzweiflung
alle Farbigkeit
deines Lebens überdecken,
weine, beweine,
was du verloren hast.

Tränen befreien,
Tränen lösen
die innere Verkrampfung.

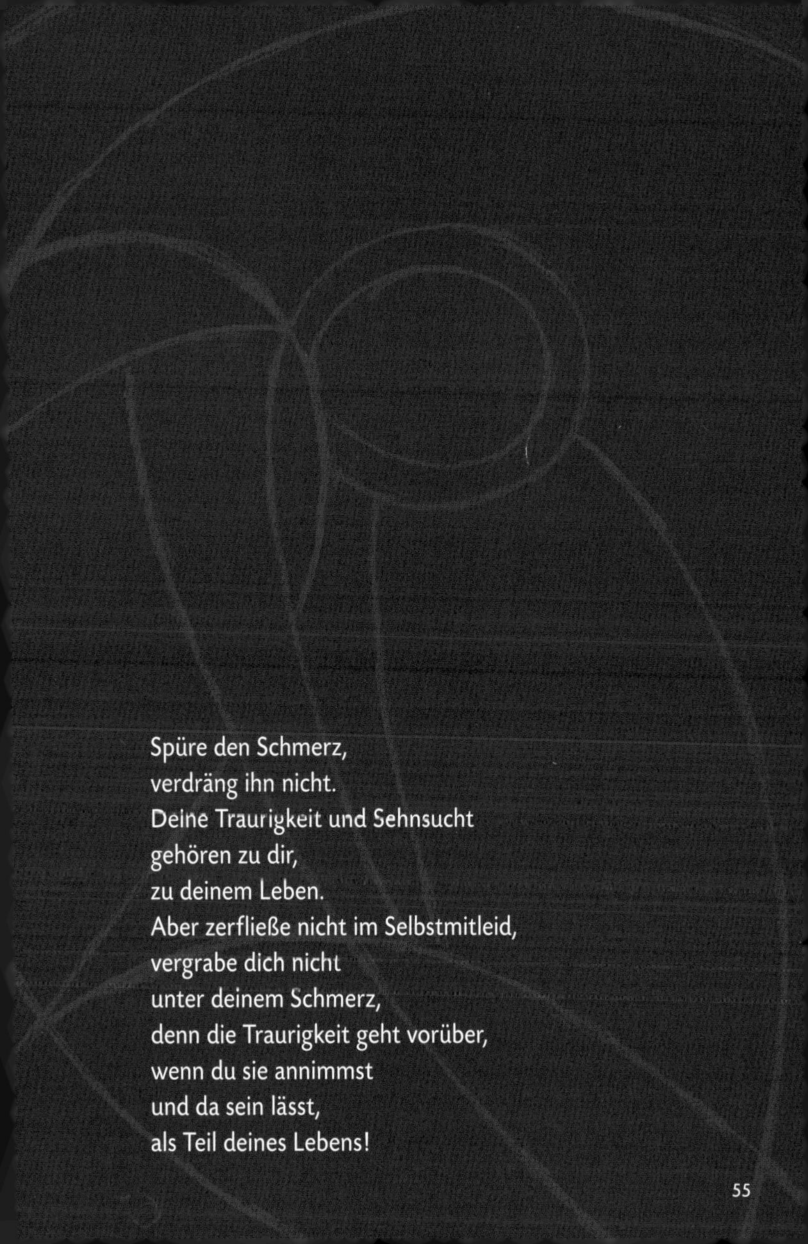

Spüre den Schmerz,
verdräng ihn nicht.
Deine Traurigkeit und Sehnsucht
gehören zu dir,
zu deinem Leben.
Aber zerfließe nicht im Selbstmitleid,
vergrabe dich nicht
unter deinem Schmerz,
denn die Traurigkeit geht vorüber,
wenn du sie annimmst
und da sein lässt,
als Teil deines Lebens!

Engel des Vertrauens

Die Seele noch schwebend
zwischen Himmel und Erde,
geborgen in Gottes Liebe,
noch ganz umhüllt von seiner Gegenwart,
voller Zuversicht und Vertrauen,
und doch hineingeboren in diese Welt!

Was ist geschehen,
dass wir das untrennbare Band
zur himmlischen Welt nicht mehr spüren?

Wann hat unser Verstand
die leisen Klänge unserer Seele überdeckt?

Welche Erfahrungen
haben jenes tiefe Urvertrauen zerstört?

Beim Anblick eines neugeborenen Kindes
wird uns bewusst, was wir verloren haben.

Unsere Seele ruft uns zurück.

Schrittweise wieder Vertrauen wagen,
uns wieder neu in Gott verwurzeln,
unserer Seele Raum geben,
Gott spüren, wieder fühlen,
dass Leben mehr ist als wir sehen,
unsere Seele wieder öffnen
für Gott und seine Liebe,
voller Vertrauen und Zuversicht -
die Botschaft der neugeborenen Kinder
an unsere Welt!

Engel der Gottesbegegnung

Manchmal ist es wichtig
innezuhalten
und dich zurückzuziehen
von den vielfältigen Begegnungen
und Beziehungen deines Lebens,
dich zurückzuziehen
in die Gegenwart Gottes,

Gedanken ziehen lassen,
einatmen und ausatmen,
ankommen
und ganz bei Gott sein,
eintauchen in die Begegnung
mit dem lebendigen Gott,

still sein,
dein Herz öffnen für ihn,
dich einhüllen
in seine Gegenwart
wie in einen wärmenden Mantel,
seine Liebe atmen,
seine Nähe fühlen,
spüren, dass Gott da ist,
ganz nah bei dir,
Gott in dir.

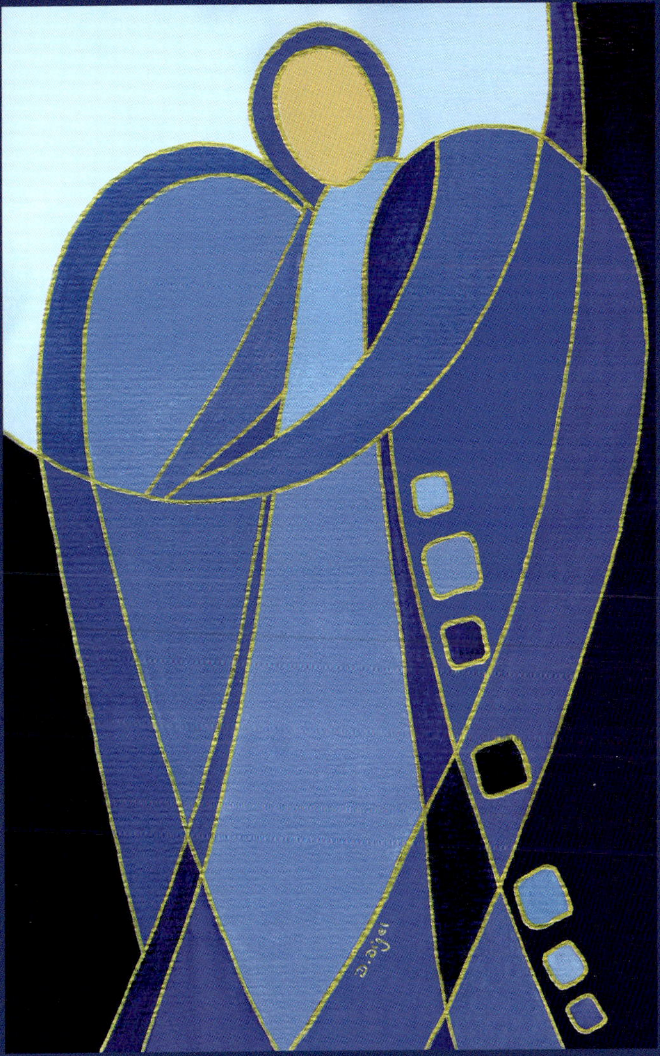

Engel der Hoffnung

Wende dich, Herr, mir zu!
Sei nicht länger ferne von mir!
Vernimm mein Gebet, erhöre mich!
Herr, höre meine Stimme,
höre mein Schreien!
Steh auf, Herr, schau doch,
sieh mein Herz an!
Neige deine Ohren
und höre mein Reden!
Heile meine Seele, heile mich, Herr!

Behüte mich
wie einen Augapfel im Auge!
Beschirme mich
unter dem Schatten deiner Flügel!
Bewahre meine Seele!
Führe mich aus meinen Nöten!
Beschütze mich vor Angst!
Verlass mich nicht, Herr,
und tu deine Hand nicht von mir,
denn mein Vater und meine Mutter
werden mich verlassen,
aber du, Herr, nimmst mich an
und hältst mich.

Deshalb will ich hoffen auf Gott und sagen:
Als mir angst war,
rief ich den Herrn an
und schrie zu Gott.
Da erhörte er mich.

Als ich den Herrn suchte,
antwortete er mir
und errettete mich
aus all meiner Furcht.

Ich werde aufstehen
und strahlen vor Freude,
denn der Herr hört mein Weinen.

Der Herr ist nahe denen,
die zerbrochenen Herzens sind.
Der Herr ist mir nahe.
Er lässt mich nicht fallen
und verlässt mich nicht.

Gott ist bei mir.
In seinen Augen
bin ich wert geachtet und herrlich.

Gott ist treu.
Der Herr hat mich lieb.
Sein Frieden erfüllt mein Herz.
(aus den Psalmen)

Engel der Kraft

Heute stelle ich
die ganze Macht des Himmels
zwischen mich
und meine Dunkelheit!

Jesus Christus
steht zwischen mir
und meiner Angst.

Jesus Christus
steht zwischen mir
und meiner Schuld.

Jesus Christus
steht zwischen mir
und meiner Einsamkeit,
denn er hat
die Dunkelheit überwunden.

Heute stelle ich
Jesus Christus
zwischen mich
und meine Dunkelheit!
Amen!

Engel der Heimkehr

Am Ende aller Tage,
am Ende der Zeit,
wenn mir hier nichts mehr bleibt,
gibt es nur einen Ort,
an dem ich ewig sein möchte,
und das ist bei dir, Herr,
in deinem Arm,
wenn du alle Tränen abwischen
und alle Verletzungen heilen wirst,
du auch alle ungeweinten Tränen
und meine Einsamkeit siehst,
kein Schmerz und keine Angst
mehr sein werden,
alles Leid dieser Welt vorüber ist
und mein ruheloses Herz
im Erkennen und Verstehen
endlich Frieden findet bei dir.

Möge ein Engel
an jenem letzten Tag bei uns sein
und uns durch die Dunkelheit
zu dir nach Hause tragen.

Engel der Sehnsucht

Wenn mich der Engel
im Vorübergehen streift,
regt sich tief in mir eine Ahnung.

Überlagert vom Lärm
und den Verlockungen
dieser Welt spüre ich Sehnsucht.
Ein tiefer Wunsch nach dem,
was gut,
was heil,
was vollkommen,
was schön,
was wahr ist.

Die Sehnsucht ist es,
die mich aufrüttelt
und mich davor bewahrt,
das Streben für Ruhe zu halten,
Macht und Geld für Sicherheit,
Besitz für Zufriedenheit,
Erfolg für den Sinn des Lebens,
Äußerlichkeiten,
Glück und Gesundheit
für das Einzige zu halten.

Die Sehnsucht ist es,
die mich verändert und lebendig hält,
mich auf das Wesentliche hinweist.

Ich fühle,
meine Sehnsucht ist letztendlich
eine tiefe Sehnsucht nach Gott.

Ich begreife,
du, Gott, hast die Sehnsucht
in mich hineingelegt,
mich zu einem Menschen
der Sehnsucht gemacht.

Ich sehne mich nach dir
und du suchst mich.

Engel der Bewahrung

Getragen,
gehalten,
geborgen,
beschützt,
bewahrt,
gesegnet -
von allen Seiten
umgibst du mich
und hältst deine
Hand über mir.

Herr, es wäre
so einfach,
wenn ich mir
sicher sein könnte,
dass uns in deiner
Nähe nichts
passieren kann.

Aber es wäre
nicht wahr!

Das Leid der Welt
erzählt andere
Geschichten.

Du hast mir kein Leben ohne Angst
und Schmerzen versprochen,
aber du hast gesagt:
Siehe ich bin bei dir
und verlasse dich nicht.

Deshalb möchte ich lernen
immer wieder darauf zu vertrauen,
dass uns nichts,
aber wirklich
auch gar nichts,
aus deiner Hand
und aus deiner Nähe
reißen kann.

Was immer auch
passieren wird,
du wirst
bei mir sein
und es mit mir
erleiden.

Das ist meine
Hoffnung
und mein Trost.

Engel der Ruhe

Alltag,
Aufgaben,
Termine,
planen,
erledigen,
sich kümmern,

du siehst kein Ende,
fühlst dich ausgelaugt und überfordert,
Kopf hoch,
lächeln,
funktionieren,
nur nichts anmerken lassen,
weitermachen, - immer weiter,
du bist getrieben,
dein Herz rast.

Ich wünsche dir einen Engel,
der sich dir in den Weg stellt,
mitten in deiner Betriebsamkeit,
der sich zwischen dich
und deine Erschöpfung stellt,
damit du ihm mitten ins Herz sehen kannst:
In ein Herz voller Liebe und Erbarmen.

Gott liebt dich,
bei ihm musst du nichts leisten,
bei ihm darfst du sein wie du bist,
erschöpft,
ausgebrannt,
überfordert.

Geborgen in dieser Liebe
kannst du es wagen,
dich wieder zu spüren,
deine Bedürfnisse wahrzunehmen,
innezuhalten
und über Veränderung
nachzudenken.

Ich wünsche dir den Engel der Ruhe,
der mit ausgebreiteten Flügeln vor dir steht
und deinen Blick
immer wieder auf Gott lenkt.

Engel der Anbetung

Gott, unser Vater,
wir beten dich an,
dich wollen wir ehren mit unserem Leben,
wenn unser Herz vor Freude jubelt,
über all das, was du für uns getan hast,
wenn wir deine Liebe und Gegenwart spüren
und unsere Seele bei dir zu Hause ist.
Dir gehört die Ehre und Anbetung,
denn du bist heilig, du bist Herr,
wir beten dich an.

Aber auch wenn Tränen des Schmerzes
und des Verlustes unseren Blick verschleiern,
Angst und Einsamkeit unsere Seele niederdrücken
und du so weit weg zu sein scheinst.

Auch wenn wir dich nicht verstehen,
deine Wege uns ins Dunkel führen,
Zweifel und die Frage nach dem „Warum“
unsere Seele zermürbt,
das Leid dieser Welt unseren Glauben
an dich ins Wanken bringt,
Eifersucht und die Angst zu kurz zu kommen
unser Herz mit eisigem Griff umklammern
und den Blick auf dich verdunkeln,

Dorete Digel

- dennoch,
gerade dann werfen wir uns
in deine Arme,
du bist größer
als all unser Verstehen,
größer
als unser menschlicher Verstand
je begreifen kann.

Dir gehört die Ehre.

Engel der Freude

Staunend sehe ich
die Wunder der Natur,
ihre Schönheit
und Einzigartigkeit.

Tautropfen, die wie Perlen
in der Sonne funkeln,
Vögel, die in
den Bäumen zwitschern,
ein Sonnenstrahl,
der durch dunkle
Wolken bricht,
ein Blütenzweig,
voller Zartheit und Kraft,
ein Hauch,
verschwenderische Fülle,
jede einzelne Blüte,
ein Wunderwerk,
Zeichen des Lebens.

Voller Ehrfurcht
erkenne ich in allem
deine Handschrift,
mein Gott.

Die ganze Natur
ist deine wunderbare Schöpfung,
immer wieder
gibt sie Anlass
zu jubelnder Freude
und tiefer Dankbarkeit.

Die Schöpfung
ist eine Offenbarung
deiner göttlichen Schönheit
und ein Zeichen
deiner Größe und Liebe.

Du bist der Schöpfer
allen Lebens,
du bist mein Schöpfer, Herr,
und darum jubelt mein Herz,
ich will singen und tanzen
vor Freude,
vor Freude über deine Werke.

Du bist der Herr,
Ehre sei dir.

Engel der Freundschaft

Freundschaft
besteht nicht nur
aus gegenseitigem
Verständnis,

wahre Freundschaft
lebt von
gegenseitigem
Vertrauen.

Engel des Lachens

Wenn dir der Engel
des Lachens begegnet,
spürst du es in dir kribbeln,
perlend wie Luftblasen
steigt es in dir auf,
breitet sich aus, bricht hervor,
mal sprudelnd und überschäumend,
mal leise und strahlend,
- Lachen -.

Lachen befreit, verändert,
macht die Seele gesund,
bringt uns einander näher,
- Lachen - ein Geschenk Gottes.

Wenn du mit einem Menschen
unbeschwert und von Herzen
lachen kannst,
steht der Engel des Lachens
ganz nah bei dir.
Umarme ihn und lass ihn
nicht so schnell wieder los.
Möge uns der Engel des Lachens
jeden Tag einen kostbaren
Augenblick lang begegnen
und uns mit Lachen segnen.

D. Digel

Engel der Selbstannahme

Spüre dich selbst
und all die Farbigkeit in dir,
fühle dich in all deiner Eigenart,
gib der Farbigkeit deiner Seele Raum.

Male ein Bild in deine Seele,
- mit all deinen Seelenfarben,
räume jeder Farbe einen Platz ein,
setze die Farben nebeneinander,
so wie du sie in dir fühlst
und akzeptiere,
dass sie alle zu dir gehören.

Male ein Bild in deine Seele,
- mit all deinen Seelenfarben,
auch mit den dunklen
und schweren Farben,
auch mit den kühlen
und bedrückenden Tönen,
auch mit den Farben,
die dir nicht gefallen.

Male ein Bild in deine Seele,
- mit all deinen Seelenfarben,
denn erst die Symphonie aller Farben
ergeben deine ganz eigene,
lebendige Farbigkeit.

Im Malen des Bildes
kannst du Frieden schließen,
Frieden mit jeder einzelnen Farbe,
Frieden mit aller Unvollkommenheit,
Frieden mit aller Begrenztheit,
Frieden mit dir selbst.

Und das Bild deiner Seele
wird leuchten
in all seiner Farbigkeit,

trotz all seiner Unvollkommenheit,
trotz all seiner Begrenztheit,
und du wirst es ansehen
und spüren, es ist gut,
- so soll es sein -
so darfst du sein.

Engel der Enttäuschung

Verletzungen und Enttäuschungen,
verlorene Hoffnungen und Träume
haben deine Seele verhärtet,
durch hohe Mauern hast du dich geschützt,
du bleibst unerreichbar für Sonne und Licht,
für Wärme und Liebe, für andere Menschen,
unerreichbar für das Leben.

Wage es, die Mauern einzureißen,
lass dich erreichen von Sonne und Licht,
von Wärme und Liebe, von anderen Menschen.

Lebendig sein heißt: verletzbar sein,
Gefühle zeigen, Erstarrung lösen,
immer wieder Mauern einreißen,
das eigene Leben anderen Menschen öffnen,
Wärme geben, Begegnung ermöglichen,
erreichbar für andere sein.

Nur wenn du offen
und empfindsam für andere bleibst,
die Verletzungen und Enttäuschungen
deines Lebens annimmst,
kannst du das Geschenk des Lebens erfahren.

Engel der Entscheidung

Jede Entscheidung öffnet neue Türen,
rückt neue Perspektiven in den Blick,
erweitert das Leben.

Jede Entscheidung verschließt Türen,
lässt Möglichkeiten ungenutzt,
begrenzt das Leben.

In unserem Leben
stehen wir oft vor Entscheidungen,
können nur in eine Richtung gehen
und müssen die Verantwortung übernehmen.

Das macht Angst,
verunsichert,
überfordert,
wir fürchten uns davor,
das Falsche zu wählen.

Besser, gar nicht entscheiden
und darauf warten,
dass die Zeit und andere
uns die Entscheidung abnehmen.

Manchmal kommt Altes in uns hoch:
Wir hadern mit getroffenen Entscheidungen,
trauern verpassten Möglichkeiten nach.
Das „was wäre gewesen, wenn"
schmeckt bitter.

Und manchmal haben wir das Gefühl:
Das Leben lässt uns gar keine Wahl.
Alle Entscheidungen gehören
zu unserem Leben
und haben uns geprägt
in unserem Gewordensein.

Engel des Gebets

Ich schicke mein Gebet zum Himmel,
all meine Liebe und Dankbarkeit,
all meine Begeisterung und mein Glück,
meine Lebensfreude bringe ich vor dich
mit Dank und Anbetung!

Ich schicke mein Gebet zum Himmel,
all meine Fragen und Zukunftsängste,
all meine Erschöpfung und Leere,
alles was mich bewegt, bringe ich vor dich
mit Bitten und Flehen!

Ich schicke mein Gebet zum Himmel
– auf Engelsflügeln –
und hoffe darauf, dass du mich hörst, mein Vater.

Ich schicke mein Gebet zum Himmel
– immer wieder –
auch wenn ich auf deine Antwort warten muss,
vertraue ich darauf, dass du es gut mit mir meinst.

Im Glauben an deine Liebe zu mir,
schicke ich mein Gebet zum Himmel
– unermüdlich, immer wieder –.

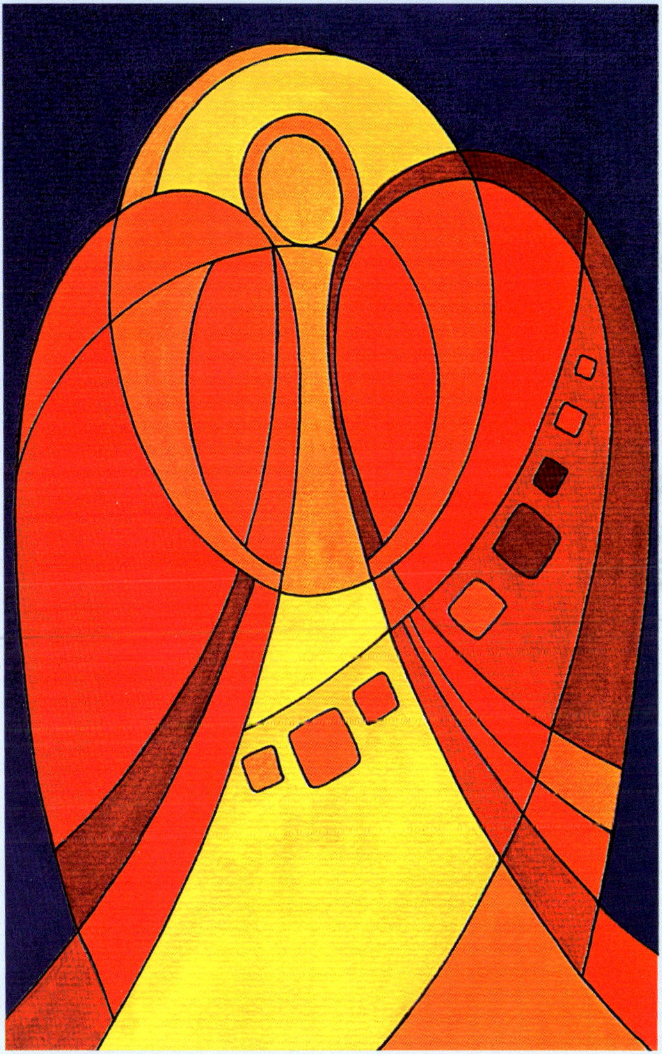

Engel der Überwindung

Allein mit deinen Sorgen,
Gedanken jagen sich,
gefangen in deiner Angst,
Atemnot, Herzrasen, Panik.

Du liegst wach, kommst nicht los,
dein Blick verengt sich,
vor dir nur noch schwarze Panik,
du tauchst ein, versinkst.

Wo bist du Gott?

„Hier, genau hier, mitten in deiner Dunkelheit,
bin ich, der Herr, und rufe dich bei deinem Namen.
Ich bin dir nah. Ich habe die Angst der Welt überwunden."

Jesus kennt die Angst
und die Macht, die sie über dich hat.
Er nimmt dich ernst, verharmlost deine Panik nicht,
diskutiert sie nicht weg, leugnet nicht ihre Existenz.
Er hat die Angst überwunden, damit du
in deinen dunkelsten Stunden der Angst
nicht alleine und ohne Hoffnung bist.

Engel des Suchens

Irgendwo
in der Mitte,

zwischen
Dunkelheit und Licht,

irgendwo zwischen
Angst und Hoffnung,
und dem, der ich bin
und sein möchte,

irgendwo dazwischen,
da stehe ich!

Irgendwo
in der Mitte,
zwischen
Zufriedenheit und Sehnsucht,
zwischen
Starrheit und Veränderung,
zwischen
meinem Glauben und meinen Plänen,
irgendwo dazwischen,
da suche ich dich!

Irgendwo
in der Mitte,
versuche ich das unmögliche Spiel, -

Herr, wie nah kann ich
gerade noch bei dir sein,
ohne die Kontrolle zu verlieren!

Manchmal ganz nah bei dir,
manchmal so weit weg,

irgendwo
in der Mitte,
da warte ich auf dich!

Ich fühle es tief in mir,
genau dort bist du hier,

irgendwo dazwischen
sucht deine Liebe mich,

findest du, mein Vater, mich,

irgendwo
in der Mitte
nimmst du meine Hand, gehst mir voran,

führst mich aus der Mitte
ganz nah an dein Herz heran!

Engel des Neubeginns

Mitten
in der längsten Nacht,
hinein
in tiefe Dunkelheit,
mitten
in Verzweiflung und Angst,
in völliger Armut,
wurdest du geboren
und warst den Menschen
Licht und Hoffnung.

Mitten
in meine Nacht,
hinein
in meine Dunkelheit,
hinein
in meine Verzweiflung
und Angst,
mitten
in meine Traurigkeit
willst du kommen
und willst mir
Licht und Hoffnung sein.

Engel der Verkündigung

Der Engel der Verkündigung
erschien den Hirten zu Bethlehem,
mitten in der Nacht auf dem Feld,
plötzlich, unerwartet und ungefragt!

Er stellt ihre gesamte Lebenserfahrung,
ihre festgefahrene Sicht
der Dinge auf den Kopf.

Sie, die bisher nichts zu sagen hatten,
die Außenseiter waren,
die sich mit dem Urteil der Gesellschaft
in ihrem Leben arrangiert hatten, -
sie sind wichtig, werden gesehen,
zu ihnen kommt der Engel
mit der Botschaft der Freude.

Der Engel der Verkündigung
kommt auch heute noch zu uns

plötzlich,
unerwartet
und ungefragt,

überall dorthin, wo wir uns mit falschen
Sicherheiten arrangiert haben,
er will unseren Alltagstrott stören,
unsere verhärteten Urteile
über uns selbst und andere
ins Gegenteil kehren,
unsere festgeschriebene Sicht der Dinge
auf den Kopf stellen.

„Fürchtet euch nicht.
Euch ist heute der Heiland geboren."

Engel der Gemeinschaft

Wir Menschen sind
von unserem Ursprung her
auf Beziehung ausgerichtet.
Es ist unser tiefstes Bedürfnis,
miteinander zu leben.
Ohne ein Gegenüber,
ohne den Austausch
mit dem Du des Anderen
wird unsere ganze
Existenz bedeutungslos.

Gott kennt unser ureigenstes Wesen
und schenkt uns, was wir brauchen:
Gott tritt in Beziehung
zu uns Menschen.
Der Herr über Himmel und Erde
wird in Jesus Christus
zum Du für uns,
wird uns Gegenüber,
er schenkt uns
Gemeinschaft mit ihm.

Engel des Segens

Der Herr
segne dich
und bewahre dich!

Der Herr
wende sich
dir in Liebe zu
und zeige dir
sein Erbarmen!

Der Herr
sei dir nahe
und gebe dir
Frieden!

Er lasse
dich nicht fallen
und verlasse dich nicht!

Der Herr
segne dich
und behüte dich
auf all deinen Wegen!
(nach 4. Mose 6,24-26 / Josua 1,5)

Persönliche Erlebnisse

Persönliche Erlebnisse

Persönliche Erlebnisse

Die Autorin und Illustratorin

Dorette Digel, *Jahrgang 1971, ist verheiratet und Mutter zweier Kinder. Mit ihrer Familie und ihrem Hund lebt sie in der Nähe von Stuttgart. Sie arbeitete einige Jahre an einer christlichen Schule für Erziehungshilfe, inzwischen ist sie als Lehrerin an einer Grundschule in Stuttgart tätig, engagiert sich in einer freien evangelischen Gemeinde, hat eine abgeschlossene Weiterbildung zur systemischen Beraterin und absolviert derzeit die Ausbildung zur systemischen Therapeutin.*

Buchempfehlungen:

Gute Tage • *52 Impulse zum Leben*
Prägnante Bilder und eine liebevolle Gestaltung unterstreichen die 52 bewegenden Beiträge beliebter christlicher Autoren. Lassen Sie sich berühren, ermutigen und motivieren. Entdecken Sie neue, farbenfrohe Perspektiven auf das Wirken Gottes.
Bildband, gebunden, 128 Seiten, 12 x 17 cm.
RKW 518 • ISBN 978-3-88087-518-0

Die Schatzkiste
52 Impuls-Geschichten für's Leben
Aha-Effekte mit Schmunzel-Garantie. Die Mischung aus Lebensweisheiten und augenzwinkernden Pointen ist das Erfolgsrezept dieser bezaubernden Geschichten-Sammlung. Sie vereint funkelnde Kostbarkeiten und wird für jeden, der sie aufschlägt zur wahren Schatzkiste.
Bildband, gebunden, 128 Seiten, 12 x 17 cm.
RKW 514 • ISBN 978-3-88087-514-2

Unsere Verlagsproduktion umfasst Bücher, Foto-Poster, Kalender, Karten usw. Fragen Sie nach Kawohl-Produkten oder fordern Sie Prospekte an.

www.kawohl.de